Ece ve Efe ile Türkçe

İçindekiler

Metinler Dr. Fatih Erdoğan
Resimler Laura Hambleton

Milet

Anne baba ve öğretmenlere

Ece ve Efe ile Türkçe

Türkçeyi öğrenmek veya geliştirmek isteyen çocuklar için hazırlanmıştır.

Çocuğun günlük yaşantıları içinde sıkça karşılaştığı sözcükler ve ifadeler, aile, arkadaşlar, okul, oyun ve çeşitli etkinlikler gibi konu grupları içinde sunulmaktadır.

Eğlenceli hale getirilirse, çocuklar dil öğrenmede çok başarılı olabilmektedir. **Ece ve Efe ile Türkçe** bu nedenle rengârenk sayfalarıyla, çocuğu da katarak uyguladığı yöntemiyle, hoş karakterleri ve testleriyle bir bütün olarak hazırlanmıştır.

Kitabımızın daha da yararlı olabilmesi için:

• Çocuğunuzla birlikte öğrenin, ya da birlikte öğrenecek bir arkadaş bulun.
• Yeri geldikçe CD'yi dinleyin.
• Testleri yapın.
• Kitabı bir ders kitabı gibi değil de, öykü kitabı olarak sunun.
• Çocuğun çabalarını takdir etmeyi ve ödüllendirmeyi unutmayın.
• Daha ayrıntılı bilgi için 3. sayfadaki notlara bakabilirsiniz.

Kitabı açtığınızda gördüğünüz karşılıklı her iki sayfa tek bir konuya ayrılmıştır. İşte tipik bir örnek:

Öğrendiklerim: Bu konu ile ilgili öğrenilenlerin bir listesi.

Oku bakalım! Temel dil yapılarının özeti.

Konuşma metinleri

Ece ve Efe ile birlikte söyle Bu işareti görünce CD'den Ece ve Efe'nin sesini dinleyin.

Kitabı kullanırken . . .

1 Öğrenci ile birlikte resimlere bakın ve gördükleriniz üzerine konuşun. Resimlerin yardımıyla cümle ve sözcükleri anlamaya çalışın.

2 CD'yi dinleyerek Türkçe metni yeniden okuyun.

3 Sözcükleri birlikte okuyun. Farklı bölümleri paylaşarak sırayla okuyun.

4 CD'yi yeniden dinleyin. Çocuğun, metinleri Efe ve Ece ile birlikte tekrarlamasını isteyin.

5 Konuyla ilgili olarak belli bir yeterliliğe ulaştığını düşündüğünüzde bazı oyunlar oynayabilirsiniz:

- Sözcüklerin anlamlarını sorabilirsiniz.

- Kitaba bakmadan kaç sözcüğü aklında tutabildiğini anlayın.

- Öğrendiği sözcükleri farklı bağlamlarda kullanma çalışmaları yapın (örneğin, sayıları para veya oyuncakları kullanarak, renkleri evde bulunan eşyaları kullanarak, aile ve giyim kuşam konularını da fotoğrafları kullanarak . . .)

6 Çocuğun kitaptan tek başına da yararlanması için onu yüreklendirin.

Öğrenilenlerin sınanması ve testler

- **EET** kitabınızda çocuğun öğrenme gelişimini ölçebilmenizi sağlayacak testler de bulunmaktadır. Birkaç sayfada bir karşınıza çıkacak olan bu testler bir önceki bölümle ilgili gelişimi test etmeye yöneliktir. Her testin sonunda ödül olarak bir etkinlik daha vardır. (42 ve 43. sayfalara bakın.)

- Kitapta (46–47. sayfalarda) ayrıca kitaptaki önemli sözcükleri içeren bir sözlük verilmektedir. Çocuğun bu sözlükten bazı sözcükleri seçip karşılıklarını yazmasını isteyin.

- Kendi kendine bir resimli sözlük yapmasını önerin. Sözcükleri öğrenmek böyle daha da kolay ve zevkli olur.

Öğrenilenlerin sınanması dil öğreniminde çok önemlidir. Tabii, gelişim görüldükçe çocuğun takdir edilmesi ve ödüllendirilmesi unutulmaması gereken bir noktadır.

Ece ve Efe ile Türkçe öğrenirken iyi eğlenceler!

Bizimle de!

3

Merhaba!

Neler öğrendim:

Merhaba!

Hoşça kal!

Benim adım . . .

Senin adın ne?

Alfabe

Ece **"E"** harfiyle başlıyor!

a   b   c

ç   d   e

f   g   ğ

h   ı   i   j

Köpek "K" ile başlar!

Ben Efe'nin köpeğiyim.

k   l

Harfler

aA bB cC çÇ dD
eE fF gG ğĞ hH
ıI iİ jJ kK lL mM
nN oO öÖ pP rR
sS şŞ tT uU üÜ
vV yY zZ

Pisi "P" ile başlar!

Ben Ece'nin kedisiyim.

Efe de "E" harfiyle başlıyor!

Ece ve Efe ile birlikte söyle!
Ece ve Efe ile birlikte söyle!

Haydi sayalım!

0 sıfır

1 bir

2 iki

3 üç

4 dört

5 beş

Sekiz yaşındayım.

Oku bakalım!

bir balon
on balon

Sekiz **yaşındayım**.
Efe dokuz **yaşında**.
Ece sekiz **yaşında**.

Kaç yaşındasın?

Dokuz yaşındayım.

7 yedi

8 sekiz

6 altı

9 dokuz

10 on

Efe dokuz yaşında.
Ece sekiz yaşında.

Öğrendiklerim:

bir, iki . . .

bir balon, iki . . .

sekiz yaşındayım.

Ece ve Efe ile birlikte söyle!
Ece ve Efe ile birlikte söyle!

Test 1

Eşleştir

Benim	kal!
Senin	yaşındasın?
Kaç	yaşındayım.
On	adım Ece.
Hoşça	adın ne?

Her rakamı farklı renkle boya

yedibeşdokuzaltıbirsekizonüçikidörtsıfıryedi

Yaz

Merhaba! Benim adım Ece.

Senin _____ ne ?

Merhaba! _____ adım Efe.

Sekiz _____yım.

Senin adın _____ ?

Say

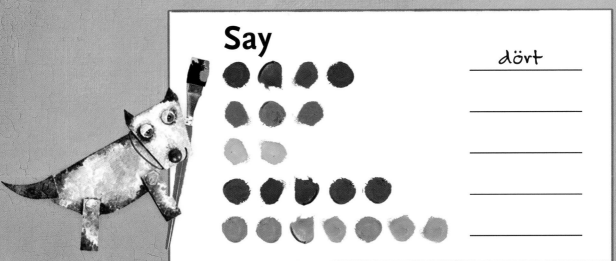

dört _____

_____

_____

_____

_____

Çiz ve yaz

Şimdi 42. sayfaya git.

Benim adım _____

Yaşım _____

Ailem

kız kardeşim
benden büyük
olsaydı abla
derdim.

rkek kardeşlerim
enden büyük
lsalardı ağabey
erdim.

Senin erkek ya
da kız kardeşin
var mı?

Oku!	**Neler öğrendim:**
Senin erkek ya da kız kardeşin **var mı?**	İşte benim . . .
İki erkek kardeşim ve bir kız kardeşim **var**.	Senin kardeşin var mı?
Hiç kız kardeşim **yok**.	Bir erkek kardeşim, iki kız kardeşim var.

Evimiz

İşte benim evim.

odam

annemin ve
babamın
yatak odası

banyo

merdivenler

Burası bahçe.

Oku!

Benim odam.

Kardeşimin odası.

kardeşimin odası

oturma odası

hol

mutfak

Ece ve Efe ile birlikte söyle!
Ece ve Efe ile birlikte söyle!

Burası benim evim.

Bir günüm

abah

öğle

Sabah oldu!

Kahvaltı zamanı.

Yemek zamanı!

gece

Yatma zamanı!

Saat kaç?

Oku!

Saat altı.

Saat dokuz.

Öğrendiklerim:

Saat dört.

Yemek zamanı.

Ece ve Efe ile birlikte söyle!
Ece ve Efe ile birlikte söyle!

17

Nasılsın?

Öğrendiklerim:

baş, burun . . .

Çok sıcak!

19

Test 2

Bul ve boya

kardeşağabeybabadedenineanneabla

Yaz

baş

Bul ve yaz

loh   _____hol_____

artumo adıso   _____

futkam   _____

nobya   _____

çebha   _____

Eşleştir

Erkek veya kız	oturma odası.
İşte benim	kız kardeşim var.
Benim bir	dört.
Burası	yatak odam.
Saat	kardeşin var mı?

Çiz ve yaz

Bu benim _____

Güzel! 42. sayfaya git.

Kırmızıyı severim!

siyah

mavi

mor

beyaz

sarı

kırmızı

yeşil

turuncu

Moru hiç sevmem!

Ben pembeyi severim!

pembe

Güneş sarı.

Panda siyah beyaz.

Şemsiye mor ve mavi.

Öğrendiklerim:

Mavi rengi severim.

Yeşil rengi sevmem.

Kırmızı bir araba.

Güneş sarı.

. . . severim!

Bu . . .

kırmızı bir elma

yeşil bir araba

pembe bir kupa

turuncu bir çiçek

Oku!

bir araba
bir elma
bir kupa

Ece ve Efe ile birlikte söyle!

Ece ve Efe ile birlikte söyle!

23

Çok havalıyım!

Şu kılığıma bakın!

şapka

Ben okul formamı giydim!

süeter

gömlek

kravat

ceket

etek

pantolon

Çok şıksın!

Komik görünüyorsun!

çizme

ayakkabı

Oku!

Pantolon giydim.
Etek giydim.
Tişört **ve** şort giydim.

Okulda

fırça

resim

pencere

Nasılsınız?

boyalar

İyiyim!
Ya sen?

cetvel

Çok güzel!

öğretmen

tükenmez
kalem

tahta

$1 + 3 = 4$

$2 + 4 = 6$

defter

kalem

öğrenci

hesap
makinesi

tutkal

Ne çok arkadaşım var!

Cansu en iyi arkadaşım!

kemle

makas

kâğıt

pastel

kitap

sıra

silgi

Efe benim arkadaşım.

Öğrendiklerim:

sıra, fırça, . . .

Nasılsın?

İyiyim! Ya sen?

Ece ve Efe ile birlikte söyle!
Ece ve Efe ile birlikte söyle!

27

Dışarda bir gün

Test 3

Boya

sarı yeşil şapka

pembe bluz

kırmızı tişört

mor şapka

turuncu elbise

mavi pantolon

Yaz

giydim pantolon bir	_Bir pantolon giydim._
severim mor ben	_____
yeşil ben sevmem	_____
giydim mavi etek	_____
çok ben havalıyım	_____

Bul ve halka içine al. (Okuldaki 10 şey.)

p	e	n	c	e	r	e	k
k	â	ğ	ı	t	s	y	i
a	r	e	s	i	m	u	t
l	e	f	ı	r	ç	a	a
e	d	e	r	s	ü	o	p
m	a	k	a	s	k	g	s
b	o	y	a	k	m	r	t

Çiz ve yaz

Üzerimdekiler: _____

_____

_____

_____

Harika!
43. sayfaya git.

Korsan oldum!

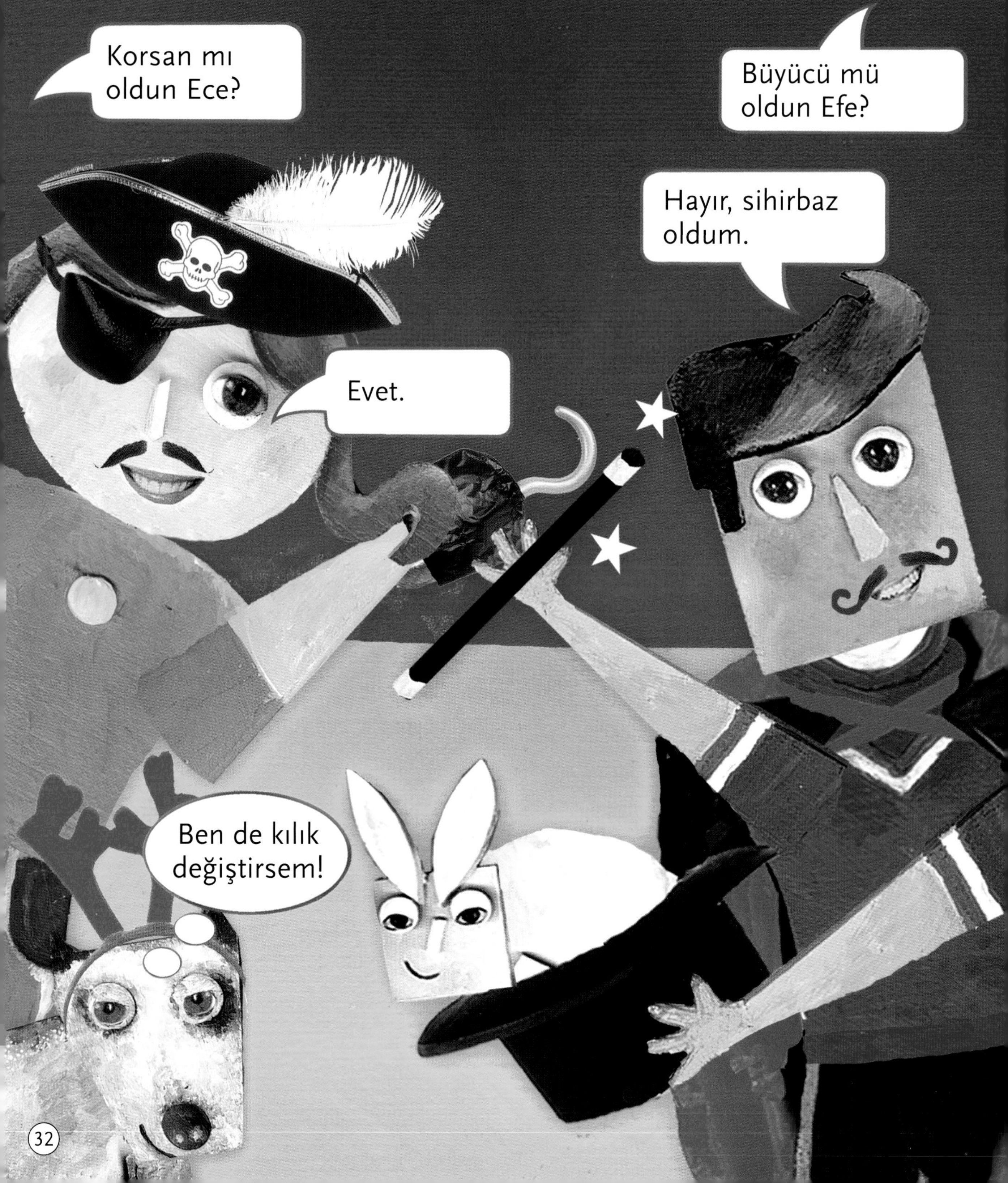

Peri kızıyım.

Kovboyum.

Cadıyım.

Canavarım.

Oku!

Sen . . . mi oldun?

Evet.

Hayır.

Öğrendiklerim:

Ben korsanım.

Sen büyücü müsün?

Evet, öyleyim.

Hayır, değilim.

Ece ve Efe ile birlikte söyle!

Ece ve Efe ile birlikte söyle!

33

Oyun istiyorum!

...istiyorum

sohbet etmek

çizmek

bisiklete binmek

dans etmek

yüzmek

Benimle oynar mısın?

Hayır, oynamam.

Oku!

TV seyretmek **ister misin**?

Evet, **isterim**.

Hayır, **istemem**.

Kitap okumak **istiyorum**.

...istiyorum

saklambaç oynamak

trampolinde zıplamak

kitap okumak

Benimle oynar mısın?

futbol oynamak

Evet, oynarım.

televizyon seyretmek

Öğrendiklerim:

Zıplamak istiyorum.

Benimle oynar mısın?

Evet, oynarım.

Hayır, oynamam.

Ece ve Efe ile birlikte söyle!

Ece ve Efe ile birlikte söyle!

35

Oyuncakçıda

Oyuncaklara bayılırım!

bebek evi

Sallanan atım olsa!

tren

paten

yarış arabası

sallanan at

Oku!
Kendime bir . . . tren alacağım kitap alacağım

bebek

ördek

ayı

trotinet

Kendime bir gitar alacağım.

Bu top benim olsa!

dinozor

gitar

Öğrendiklerim:

bebek, top

Kendime bir ayı alacağım.

Ece ve Efe ile birlikte söyle!
Ece ve Efe ile birlikte söyle!

Kafede

MÖNÜ

YİYECEKLER

makarna

patates

pizza

balık köftesi

hamburger

dondurma

sandviş

çilek

Mmm!

İÇECEKLER

portakal suyu

elma suyu

limonata

Öğrendiklerim:

Bana **pizza**, lütfen.

Bana **elma suyu**, lütfen.

Teşekkür ederim!

Oku!

Pizza, çilek ve limonata **istiyorum**, lütfen.

Test 4

Eşleştir

Evet, seninle	cadı mı oldun?
Trampolinde	oynamam.
Sen	oynarım.
Hayır, seninle	top alacağım.
Kendime bir	zıplamak istiyorum.

Yaz

Trampolinde _zıplamak_ ister misin?   okumak

Ben kitap _____ istiyorum.   ~~zıplamak~~

Ben bisiklete _____ istiyorum.   yüzmek

Ben _____ istiyorum.   binmek

Ben denizde _____ istiyorum.   dans etmek

Bul ve yaz

Kendime ne alacağım:

nrte	_____tren_____
rtenotit	_____
ritag	_____
nepta	_____
lnaslana ta	_____

Yaz

Bana makarna ve portakal suyu, lütfen.

_____

_____

_____

Benimle oynar mısın?

Çiz ve yaz

Harika! 43. sayfaya git.

_____ istiyorum.

Başardın! Şimdi beni boya!

Testlerin yanıtları

Test 1

Bul ve boya

yedi, beş, dokuz, altı, bir, sekiz
on, üç, iki, dört, sıfır, yedi

Eşleştir

Benim adım Ece.
Senin adın ne?
Kaç yaşındasın?
On yaşındayım.
Hoşça kal!

Say

dört
üç
iki
beş
yedi

Yaz

Merhaba! Benim adım Ece.
Senin **adın** ne?
Merhaba! **Benim** adım Efe.
Sekiz **yaşında**yım.
Senin adın **ne**?

Test 2

Bul ve yaz

hol, oturma odası,
mutfak, banyo, bahçe

Bul ve boya

kardeş, ağabey,
baba, dede
nine, anne, abla

Eşleştir

Erkek veya kız kardeşin
var mı?

İşte benim yatak odam.

Benim bir kız kardeşim
var.

Burası oturma odası.
Saat dört.

Yaz

baş
kulak
gözler
el
burun
kol
karın
bacak
ayak

Bul ve boya

- ● kırmızı tişört
- ● sarı yeşil şapka
- ● pembe bluz
- ● mavi pantolon
- ● turuncu elbise
- ● mor şapka

Yaz

Bir pantolon giydim.
Ben mor severim.
Ben yeşil sevmem.
Mavi etek giydim.
Ben çok havalıyım.

Test 3

Bul ve halka içine al

p	e	n	c	e	r	e	k
k	â	ğ	ı	t	s	y	i
a	r	e	s	i	m	u	t
l	e	f	ı	r	ç	a	a
e	d	e	r	s	ü	o	p
m	a	k	a	s	k	g	s
b	o	y	a	k	m	r	t

Eşleştir

Evet, seninle oynarım.

Trampolinde zıplamak istiyorum.

Sen cadı mı oldun?

Hayır, seninle oynamam.

Kendime bir top alacağım.

Yaz

Trampolinde **zıplamak** ister misin?

Ben kitap **okumak** istiyorum

Ben bisiklete **binmek** istiyorum.

Ben **dans etmek** istiyorum.

Ben denizde **yüzmek** istiyorum.

Bul

Kendime ne alacağım:

tren, trotinet, gitar, paten, sallanan at

Yaz

Bana makarna ve portakal suyu, lütfen.
Bana balık köftesi ve dondurma, lütfen.
Bana hamburger ve limonata, lütfen.
Bana elma suyu, sandviç ve çilek, lütfen.

Test 4

Kelime Listesi

Aa
acıktım
altı
anne
araba
arkadaş
ayak
ayakkabı
ayı

Bb
baba
bacak
bahçe
balık köftesi
balon
banyo
baş
bebek
bebek evi
benim
Benim adım...
beş
beyaz
bez ayakkabı
bir
bisiklete binmek
boyalar
burun
büyücü

Cc
cadı
canavar
ceket
cetvel

Çç
çekirge
çiçek
çilek
çizme
çizmek
çok
Çok güzel!

Dd
dans
dede
defter
dinozor
dokuz
dondurma
dört

Ee
el
elbise
elma

en iyi arkadaş
erkek kardeş
etek
ev
evet

Ff
fırça
fil
futbol oynamak

Gg
gitar
gömlek
Görüşürüz!
göz
gözlük
güneş
güneş gözlüğü

Hh
hamburger
havalı
hayır
hesap makinesi
hipopotam
hol
Hoşça kal!

İi
iki
iskemle
istemiyorum
ister misin?
istiyorum

Kk
kağıt
kahvaltı zamanı
kalem
kanguru
karın
kırmızı
kitap
kız kardeş
kol
korsan
kovboy
kravat
kulak
kupa

Ll
limonata
lütfen

Mm

makarna
makas
mavi
maymun
merdivenler
Merhaba!
mor
mutfak

Nn

Nasılsın?
nine

Oo

okul
okul forması
okumak
on
on bir
on iki
oturma odası
oyun zamanı
oyuncak

Öö

öğrenci
öğretmen
ördek

Pp

pantolon
pastel
patates
paten
pembe
pencere
peri kızı
pizza
portakal suyu

Rr

resim

Ss

Saat kaç?
sabah
saklambaç oynamak
sallanan at
sandviç
sarı
sekiz
Senin adın ne?
sıcak
sıfır
sıra
sihirbaz
silgi
siyah
sohbet etmek
susamak

Şş

şapka
şemsiye
şort

Tt

tahta
televizyon seyretmek
teşekkür ederim
timsah
tişört
top
trampolin
tren
trotinet
turuncu
tutkal
tükenmez kalem

Üü

üç

Vv

var
var mı?
ve

Yy

yarış arabası
yatak odası
yatma zamanı
yedi
yemek zamanı
yeşil
yılan
yüzmek

Zz

zürafa

Ece ve Efe ile
Türkçe

Milet Publishing
333 North Michigan Avenue
Suite 530
Chicago, IL 60601
info@milet.com
www.milet.com

Ece ve Efe ile Türkçe
(Turkish with Ece and Efe)
Turkish text by Fatih Erdoğan
Adapted from:
English with Abby and Zak
Text by Tracy Traynor
Illustrations by Laura Hambleton

Thanks to Livia and Abby for
all their good ideas. TT

With special thanks to Scott. LH

First published by Milet Publishing, LLC in 2007

ISBN 13: 978 1 84059 493 5
ISBN 10: 1 84059 493 4

Printed and bound in China

Please see our website www.milet.com
for other language learning books featuring Abby and Zak.